0

nul

zero

10

tien

ten

20

twintig

twenty

30

dertig

thirty

40

veertig

forty

50

vijftig

fifty

60

zestig

sixty

70

zeventig

seventy

80

tachtig

eigthy

90

negentig

ninety

100

honderd

one hundred

1000

duizend

one thousand

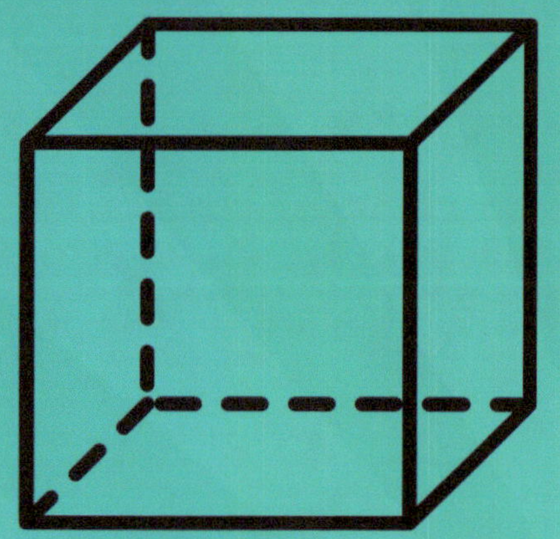

kubus

cube

blok

block

ijsblokje

ice cube

karamel

caramel

suiker

sugar

dobbelstenen

dice

geschenkdoos

gift box

kartonnen doos

cardboard box

bol

sphere

ijsschep

ice cream scoop

parel

pearl

bubbel

bubble

knikkers

marbles

planeet

planet

sneeuwbal

snowball

tennisbal

tennis ball

cilinder

cylinder

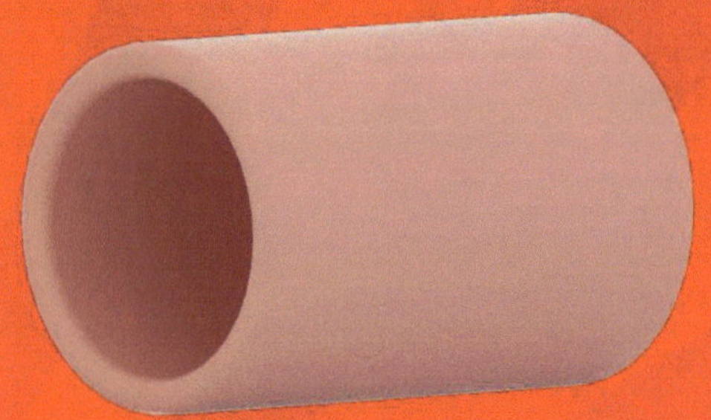

buis

tube

batterijen

batteries

draadspoel

thread spool

kaneel

cinnamon

deegroller

rolling pin

worst

sausage

hooibaal

hay bale

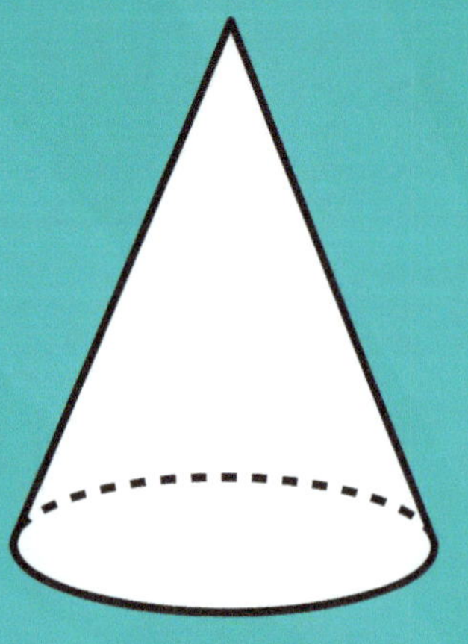

kegel

cone

wegkegel

road cone

ijshoorntje

ice cream cone

heksenhoed

witch hat

kerker

dungeon

spar

fir tree

feesthoed

party hat

slak

snail

braambes

blackberry

bes

currant

clementine

clementine

durian

durian

drakenfruit

dragon fruit

jackfruit

jackfruit

stervrucht

star fruit

asperge

asparagus

radijs

radish

rode boon

🇺🇸 red bean
🇬🇧 kidney bean

raap

turnip

cassave

cassava

yam

sweet potato

kikkererwten

chickpeas

adelaar

eagle

vleermuis

bat

bever

beaver

flamingo

flamingo

raaf

raven

merel

blackbird

pimpelmees

blue tit

ekster

magpie

zwaluwvogel

swallow bird

leeuwerik

lark

parkiet

parakeet

specht

woodpecker

pauw

peacock

papegaai

parrot

toekan

toucan

ooievaar

stork

koraal

coral

zeeanemoon

sea anemone

zee-egel

sea urchin

zeepaardje

seahorse

clownvis

clownfish

goudvis

goldfish

krab

crab

heremietkreeft

hermit crab

dolfijn

dolphin

narwal

narwhal

octopus

octopus

inktvis

squid

walvishaai

whale shark

orka

orca

blauwe vinvis

blue whale

witte dolfijn

beluga whale

hamerhaai

hammerhead shark

witte haai

white shark

citroenhaai

lemon shark

tijgerhaai

tiger shark

sprinkhaan

grasshopper

rups

caterpillar

schorpioen

scorpion

hagedis

lizard

dinosaurussen

dinosaurs

zwart haar

black hair

rood haar

ginger hair

bruin haar

brown hair

blond haar

🇺🇸 blond hair
🇬🇧 blonde hair

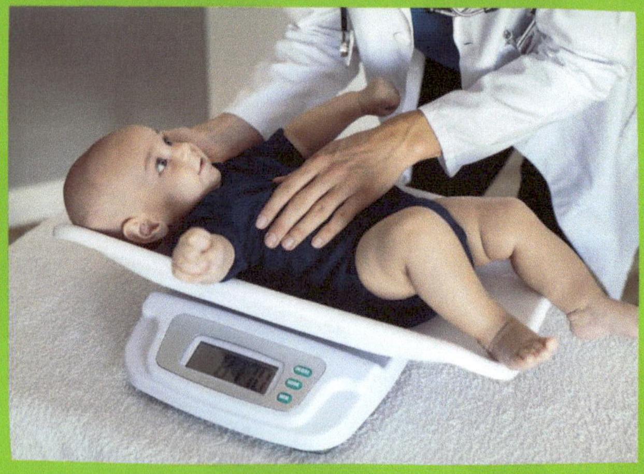

weegschaal

scale

ziekenhuis

hospital

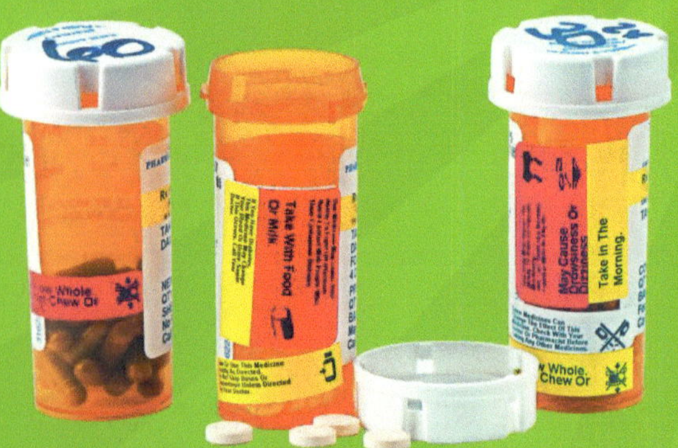

medicijn

medicine

thermometer

thermometer

verband

bandage

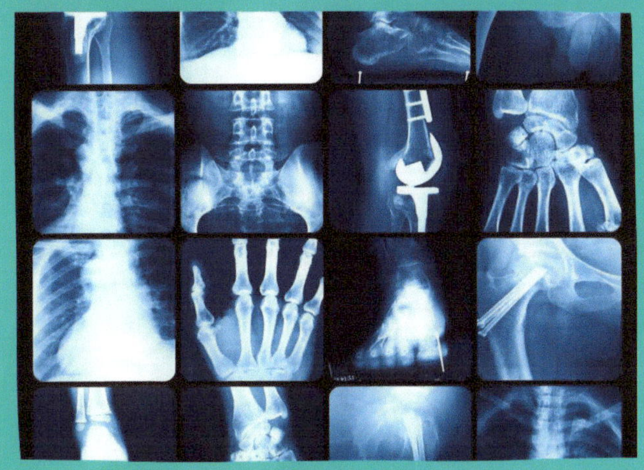

röntgenfoto

x-ray

dokter

doctor

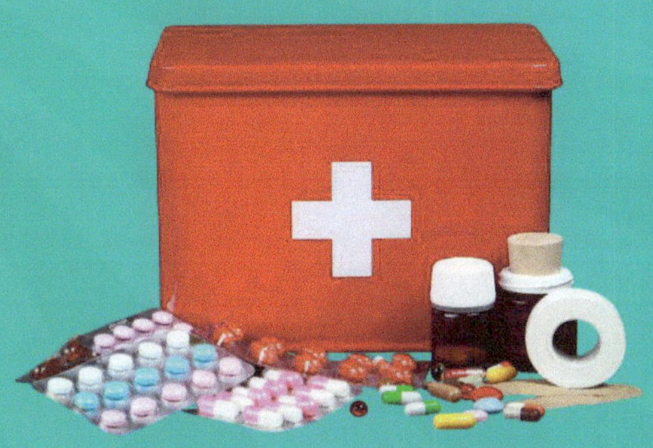

EHBO-kit

first aid kit

spelen

play

tekenen

draw

tellen

count

schrijven

write

dansen

dancing

zwemmen

swimming

skiën

skiing

basketbal

basketball

tennis

tennis

tafeltennis

ping pong

voetbal

 soccer
football

paardrijden

horse riding

ijshockey

ice hockey

judo

judo

boksen

boxing

hardlopen

running

honkbal

baseball

cricket

cricket

rugby

rugby

volleybal

volleyball

maracas

maracas

tamboerijn

tambourine

xylofoon

xylophone

viool

violin

piano

piano

gitaar

guitar

cello

cello

harp

harp

trommel

drum

djembé

djembe

drumstel

drum kit

trompet

trumpet

hoorn

horn

saxofoon

saxophone

fluit

flute

koptelefoon

headphone

zingen

sing

bladmuziek

sheet music

microfoon

microphone